AF349538

LETTRES

PATENTES DE DECLA-RATION DV ROY, POVR l'execution de l'ordonnance sur le faict des Peremptions.

Publiées à Rouen en Parlement, le huictiesme iour d'Aoust, mil six cens dixsept.

A ROVEN.

DE L'IMPRIMERIE,
De MARTIN LE MESGISSIER, Imprimeur ordinaire du Roy, tenant sa bouti-
que au haut des degrez du Palais.

M. D C. XX.

Auec Priuilege de sa Maiesté.

DV HVICTIESME IOVR
d'Aouſt mil ſix cens dixſept, A Roüen
en la Court de Parlement.

APRES leĉture Iudiciairement faiĉte des Lettres patentes de Declaration du Roy, du vingt ſixiéme May mil ſix cens quinze. Et arreſt de la Court donné les Chambres aſſemblées le cinquiéme Decembre dernier, Sur la verification deſdiĉtes Lettres, pour l'execution de l'Ordonnance ſur le faiĉt des Peremptions, Pour auoir lieu tant en ladite Court que Iuriſdiĉtion des Requeſtes, ainſi que és autres Iuriſdiĉtions inferieures, Aux charges & modifications contenuës audit arreſt, Oy ſur ce Lorée Aduocat pour le Procureur General du Roy. LA COVRT à ordonné & ordonne, que les coppies ou vidimus deſdiĉtes Lettres patentes & Arreſt ſeront enuoyez par les Bailliages & Iuriſdiĉtions de ce reſſort, Pour y eſtre leuës & publiées aux prochaines Aßiſes d'apres la Meßion, & Regiſtrez, Et le contenu en iceux gardé & obſerué ſelon leur forme & teneur. Deſquelles Lettres patentes de Declaration la teneur enſuyt.

LOVIS PAR LA GRACE DE DIEV, ROY DE FRANCE ET DE NAVARRE : A noz améz & feaulx Conseillers, Les Gens tenans nostre Court de Parlement à Roüen, Salut. Noz tres-chers & bien améz les Gens des trois Estats de nostre Pays & Duché de Normandie , Nous ont tres-humblement faict remóstrer par le vingt-septiéme Article de leurs dernieres Remonstráces, dót l'extraict est cy attaché soubz le contreseel de nostre Chancellerie, Que par regle gardée & obseruée en nostredicte Court, Les causes qui y sont pendantes, encores qu'il n'y ayt aucunes procedures ny expedition que la simple presentation, ne tombent en peremption ne prescription par quelque laps de temps

que ce foit, Nous fupliant & requerant
tres-humblemét pour les inconuenients
qui s'en enfuyuent, & autres confidera-
tions plus au long mentionnées audict
article, Que noftre bon plaifir foit, qu'à
l'aduenir l'Ordonnance donnée en cefte
ville de Paris au mois de Ianuier mil cinq
cens foixante & trois, publiée fans aucune modiffication en noftre Court de Parlement de Roüen, le trentiefme iour
d'Aouft mil cinq cens foixante fix, article
quinziefme, faifant mention des prefcri-
ptions, foit gardée & obferuée, tant en
noftredicte Court de Parlement, qu'en
noz Chambres des Requeftes de noftre
Palais, & autres Iurifdictions, Comme
elle eft en tous noz autres Parlemens &
refforts d'iceulx, Et leur octroyer fur ce
noz Lettres neceffaires, A quoy ayant
agreable de pourueoir felon qu'il fe trou-
uera plus vtile pour les fuppliants.
NOVS par le bon & prudent aduis de
la Royne noftre tres-honorée Dame &

Mere, Vous mandons & ordonnons,
Qu'apres auoir fur ce meurement confi-
deré le contenu en cedict vingt-feptiéme
Article, & deliberé fur la commodité où
incommodité du changement y decla-
ré, Vous ayez à pourueoir à ce dont
nous fommes requis par lefdicts fup-
liants, ainfi que vous verrez eftre du bien
& de l'vtillité & commodité du public,
De ce faire nous vous auons donné &
donnons pouuoir, authorité, commif-
fion & Mandement fpecial, CAR tel
eft noftre plaifir. DONNE' à Paris, le
vingt-fixiefme iour de May, l'an de grace
Mil fix cens quinze, Et de noftre regne
le fixiefme.

Signé,   LOVIS.

Et plus bas,   PAR LE ROY.

POTIER.

Et seellé sur simple queuë du grand seel
en cire jaulne , auec vn contre-seel en
marge.

Leuës, publiées & Registrées, Pour auoir
lieu suiuant l'Arrest de la Court , donné les
Chambres assemblées , le cinquiesme Decembre dernier, aussi presentement leu & publié,
& aux charges & modifications y contenuës.
A Rouen en Parlement, ce huictiesme iour
d'Aoust, mil six cens dix sept.

Signé,   DE BOISLEVESQVE.

EXTRAICT DV VINGT SEPTIES ME

Article du Cahier des Remonstrances faictes au Roy, par les Gens des trois Estats de Normandie en leur derniere assemblée, Respondu par sa Majesté estant en son Conseil, à Paris le vingt-neufiesme iour de Ianuier, mil six cens quinze.

C'EST vne regle gardée & obseruée en vostre Parlement de ceste Prouince, que les causes qui y sont pendantes, encor' qu'il n'y ayt aucune procedure ny expedition que la simple presentation, Ne tombent en Peremption, Et qui pis est en prescription, par quelque laps de temps que ce soit, De sorte qu'apres soixáte & quatre-vingts ans, où autre plus long-temps, On contrainct

trainct les héritiers qui sont quelque fois
les six & septiesmes, de reprendre des
procés rancides & moisis, qui surpassent
le memoire des hommes; Et renuerse-
t'on quelque fois six & sept familles pour
vn seul procés, qui est de tres perilleuse
consequence à tout vostre peuple, Qui
supplie vostre Majesté d'ordonner qu'à
l'aduenir l'Ordonnance donnée à Paris
au mois de Ianuier mil cinq cens soixante trois, publiée sans aucune modiffication en vostredicte Court de Parlement,
le trentiesme iour d'Aoust mil cinq cens
soixante six, en l'article quinziesme fai-
sant mention de ladicte peremption, se-
ra gardée & obseruée tant en vostredict
Parlement, Chambre des Requestes,
que autres Iurisdictions, Comme elle
est en tous voz autres Parlemens & res-
sorts d'iceux.

AV ROY. Et sont les Commissaires
d'aduis, qu'il luy plaise faire expedier Lettres

B

patentes adreſſantes au Parlement.

Le Roy ayant agreable ce qui ſera plus vtile aux ſupplians, fera expedier & adreſſer à ſon Parlement de Rouen des Lettres patentes ſur ce ſubjeƈt, pour eſtre pourueu à ceſte demande à leur contentement & aduantage.

Signé,   POTIER.

EXTRAICT DES
REGISTRES DE LA COVRT
DE PARLEMENT.

VEV PAR LA COVRT les Chambres assemblées les Lettres patentes de Declaration du Roy, dónées à Paris le vingt sixiéme May mil six cens quinze, Sur les Remonstrances faictes audict Seigneur par les Gens des trois Estats de ce Pays & Duché de Normandie, par le vingt-septiesme Article de leurs Cahiers, A ce qu'à l'aduenir l'Ordonnance donnée à Paris au mois de Ianuier mil cinq cens soixante trois, publiée sans modification en ladicte Court le trentiesme Aoust mil cinq cens soixante six, pour le regard de l'article quinziesme soit gardée & obseruée,

tant en cedict Parlement, Chambre des
Requeftes , que autres Iurifdictions,
comme elle eft en tous les autres Parle-
ments de ce Royaume. Extraict dudict
vingt-feptiefme article du cahier defdictes Remonftrances attaché aufdictes
Lettres foubz le contre-feel, Refpondu
par fa Majefte le vingt-neufiefme Ianuier
mil fix cens quinze, Ladicte Ordonnance du mois de Ianuier mil cinq cens foixante trois article quinziefme, Conte-
nant que l'inftance intentée ores quelle
foit conteftée, fi par laps de trois ans elle
eft difcontinuée, n'aura aucun effect de
perpetuer ou proroger l'action, Ains aura la prefcription fon cours, comme fi ladicte inftance n'auoit efté formée ne in-
troduicte, & fans qu'on puiffe pretendre
ladicte prefcription auoir efté interrom-
puë. Requefte prefentée à ladite Court
par le Procureur Sindic defdicts Eftats,
Tendant affin de veriffication defdictes
Lettres du vingt-deuxiefme Iuing mil

six cens quinze, Conclusions du Procureur General du Roy, La matiere mise en deliberation, & tout consideré. LADICTE COVRT les Chambres assemblées, A ordonné & ordonne, que les Lettres patentes & extraict du vingt septiesme article des Remonstrances desdicts Estats, concernants les peremptions d'instance, seront leuës publiées & Registrées, pour auoir lieu à l'aduenir en ce Parlement & Iurisdiction des Requestes, par le laps de trois ans, à compter du iour de la derniere procedure & expedition faicte en Iugement où entre les parties, par deuant vn Conseiller Commissaire à la Barre. Productions & signiffications des ordonnances de ladicte Court & des Requestes du Palais faicte par l'vn des Huissiers d'icelles, Sauf le recours des mineurs à l'encontre de leurs tuteurs negligents, Et ce tát pour les procéz intentez pendans & indecis esdictes Court & Requestes, Qu'à intenter

du iour de la publicatiõ du preſent Arreſt
en chacuñ Bailliage de ce reſſort, fors &
excepté les procéz appoinctez au Conſeil
clos, les procéz par eſcript concludz & re-
çeuz pour Iuger, & cauſes miſes au roolle,
pour leſquels en ſera vſé côme au parauãt
leſdictes lettres, Et à ceſte fin ſeront les
roolles gardez par le premier Huiſſier &
reliez en forme de regiſtre, & apres ſon
decedz mis au Greffe, pour y auoir recours quand beſoing ſera, deſquels roolles les parties pourront prendre extraictz
quand ils verront bien eſtre, Et ſera le
preſent Arreſt publié en l'audience de ladicte Court, & enuoyé par les Bailliages
de ce reſſort, pour y eſtre auſſi leu, publié
& regiſtré pour eſtre notoire, & le contenu en iceluy gardé & obſerué ſelon ſa forme & teneur. Faict à Roüen en ladicte
Court de Parlemét les Chambres aſſemblées, le cinquieſme iour de Decembre,
mil ſix cens ſeize.

Signé, DE BOISLEVESQVE.

Leuz & publiez en Iugement l'assize du Bailliage de Rouen seante audict lieu, Deuant nous François le Parmentier Escuyer, Conseiller du Roy, Lieutenant particulier audit Bailliage, Ce Lundy second iour d'Octobre mil six cens dixsept, Et ordonné, ce Requerant le Procureur du Roy, Parlant par le Blanc premier Aduocat de sa Maiesté audict Bailliage, qu'ils seront registrez és Registres dn Greffe de ce lieu, publiez à son de Trompe, Imprimez & affichez par les Carfourgs, sur les Quayz, & autres lieux & endroicts à faire proclamations publiques en cestedicte Ville, & les vidimus Imprimez enuoyez és Vicontez de ce Ressort, Pour y estre pareillement leuz, publiez, executez, gardez & obseruez, Mesmes distribuez aux Sergeants Royaux des Sergeanteries Royalles de ceste Viconté, pour en faire la lecture aux Bourgs & Marchez de leurs Sergenteries, Et les faire aussi lire & publier aux Prosnes des grandes Messes parroissialles des parroisses d'icelles Sergenteries, afin que aucun n'en pretende cause d'ignorance. Faict comme dessus.

Signé,   LE PARMENTIER.   LE BLANC.

PAYYOT.   &   HARENG.

EXTRAICT DE PRIVILEGE.

PAR Lettres Patentes & Priuilege donnez à Chartres par le feu Roy Henry III. le 29. iour de Iuillet 1588. signez HENRY. & plus bas, Brulart, seellez sur simple queuë du grand sceau de cire jaune, Confirmatiues d'autres Lettres patentes donnez par le Roy HENRY IIII. à Paris le 15. iour de Ianuier 1595. signez par le Roy en son Conseil Poussepin, & seellez sur simple queuë du grand sceau de cire iaune, verifiez & registrez le 4. iour de Decembre 1596. Il est permis à MARTIN LE MESGISSIER Libraire & Imprimeur ordinaire pour le ROY, en ceste ville de Rouen, Imprimer ou faire Imprimer toutes & chacunes les Ordonnances, Edictz, Lettres patentes, Declarations, Arrestz, Mandemens, Affiches, & autres choses qui seront ordonnez par la Court estre Imprimez, & en iouyr ainsi que faisoit deffunct MARTIN LE MESGISSIER son pere. Arrest sur ce interuenu le deuxiesme iour de May 1617. Par lequel est faict iteratiues deffences à tous Libraires & Imprimeurs autre que l'Imprimeur du ROY, d'Imprimer ou faire Imprimer aucunes Ordonnances Arrestz & Reglements, sur les peines mentionnez ausdictes Lettres Patentes & Arrestz de ladicte Court.